TE ESCRIBO PORQUE
TE QUIERO

EL MÉTODO DE AUTOESCRITURA PARA LIBERAR EMOCIONES

EditorialSoldeSol.com | info@editorialsoldesol.com

Plaza Admón. Vieja 1, 1ª Izq. 04003, Almería

TE ESCRIBO PORQUE TE QUIERO

© 2024, Laura Terradillos Bilbao

© Diseño y maquetación: Editorial SoldeSol
© Prólogo: Mª Ángeles Estrella.
© Ilustraciones: Rosana Marcos Cascón.
© Música de los audios: Javier Moreno Ibáñez.

EDITADO CON LA
COLABORACIÓN DE

Impreso en España – Printed in Spain

Marzo 2024

ISBN: 978-84-19329-52-3 | Depósito Legal: AL 3196-2023

Laura Terradillos Bilbao

TE ESCRIBO PORQUE
TE QUIERO

EL MÉTODO DE AUTOESCRITURA PARA LIBERAR EMOCIONES

Editorial
Soldesol

Contenido

PRÓLOGO

En este libro, te invitamos a hacer un viaje por la vida, donde viajaremos por los momentos de dolor de nuestra infancia y aprenderemos cómo sanar esas heridas. Haremos una conexión profunda con nuestro niño interior a través de cartas, cuyo protagonista principal será el amor, para traer curación, aceptación e iluminación a nuestros corazones.

Estas cartas serán un recordatorio de que todos tenemos la capacidad de reconciliarnos con el pasado, sanando nuestras heridas y recordándonos a nosotros mismos lo valiosos que somos.

Estaremos aprendiendo sobre la magia de ver el pasado desde una perspectiva diferente y sobre la importancia de oír nuestra voz interior. Descubriremos las herramientas necesarias para reconciliarnos con nuestro pasado y nos enfrentaremos a los desafíos de nuestra vida presente para poder sanar por completo.

Exploraremos cómo es posible reconciliarnos con nosotros mismos, y el impacto que esto tendrá en nuestra vida y en el mundo. Finalmente, mostraremos cómo podemos usar estas herramientas para alcanzar una vida más consciente y saludable, libre de las heridas del pasado.

El libro también se enfocará en aprender cómo liberar el sufrimiento y transformar nuestra energía de la manera correcta para asegurarnos un futuro más consciente. Exploraremos cómo es posible salir de la inercia, tomar decisiones conscientes y vivir una vida conectada, libre y feliz.

Investigaremos los beneficios de la sanación interior y la forma en que nos ayuda a crecer como seres humanos y controlar nuestros pensamientos, emociones y acciones. Finalmente, llevaremos todos estos maravillosos aprendizajes de reconciliación al siguiente nivel, descubriendo el poder de la gratitud.

Nuestro viaje culminará con la comprensión de que la curación es posible y que solo necesitamos amarnos a nosotros mismos para lograrlo.

Laura Terradillos, autora de este libro, es una gran profesional con una gran sensibilidad. Ella es la perfecta guía para este viaje hacia la autocuración y el autoaprendizaje, y nos traerá la vitalidad, inspiración y sabiduría necesarias para comprender las heridas de nuestra infancia.

Laura tiene una profunda comprensión de los ciclos de la vida y de cómo nuestra infancia puede afectar nuestro presente. Ella combina la sabiduría antigua con las herramientas modernas para ayudarnos a ver el mundo desde una perspectiva diferente, para así encontrar significado y propósito en nuestras vidas. Laura nos ayudará a descubrir el proceso de sanación interior completo y a entender su impacto en nuestra vida.

Gracias, Laura, el mundo necesita más personas como tú.

M. ÁNGELES ESTRELLA
CEO de Indeser 360, directora del Departamento de Terapia
Familiar Estratégica en Indeser 360, formadora y *speaker*.

INTRODUCCIÓN
Y JUSTIFICACIÓN DEL MÉTODO

Hoy te escribo sin pensar
y sin ortografía.
Para aprender a quererte,
voy a estudiar cómo se cumplen tus sueños,
voy a leerte siempre muy lentamente.
Quiero entenderte.
Morat

LA IMPORTANCIA DEL MUNDO DE LAS EMOCIONES

¿Qué son las emociones? ¿Por qué nos influyen tanto en la vida? Son preguntas que muchos expertos han tratado de resolver. Sin embargo, el entramado científico de las emociones no es tan objetivo como quisiéramos. Se pueden observar, pero no medir. Pueden ser comunes en los seres humanos, pero generan diferentes reacciones. Son pasajeras, pero influyen en decisiones permanentes.

Estas señales internas son ya visibles en el comportamiento de un bebé de 10 meses. Al principio de forma muy básica: amor, rabia, sorpresa, asco y miedo. Sin embargo, con el tiempo estas emociones se irán haciendo más complejas, derivando en otras como como la culpa, la vergüenza o el arrepentimiento.

Esta evolución de las emociones dentro del ser humano se desarrolla durante el proceso de crecimiento. A través de las interacciones sociales y las experiencias vitales que le toque vivir a la persona, esta irá aprendiendo y sintiendo las diferentes emociones. Y según vaya asociando placer o dolor a cada una de ellas, el ser humano desarrollará mecanismos de bloqueo, de evitación o aceptación que, en ocasiones, se convertirán en un patrón de comportamiento.

La forma de afrontar las circunstancias que nos rodean genera un estado emocional que influirá radicalmente en la toma de decisiones, quedando demostrado que los resultados que obtenemos en la vida apenas están influidos por nuestra capacidad mental, sino por nuestro estado emocional. El 70 % de las decisiones diarias dependen de nuestras emociones. Por ello, si sabemos interpretar e identificar las emociones, darles un buen significado y manejarlas de manera sana, tomaremos mejores decisiones y, por ende, tendremos mejores resultados. Concretando, la emoción es el resultado del enfoque y el significado que la persona está dando a la experiencia que vive. Esa emoción crea el comportamiento. Así, desde una emoción correcta, nos comportaremos de una forma más adecuada.

Sin embargo, este proceso no es tan sencillo. Como decía Aristóteles en su *Ética a Nicómaco,* cualquiera puede enfadarse, pero hacerlo con la persona adecuada, en el grado exacto, en el momento oportuno, con el propósito justo y el modo correcto, eso, ciertamente, no resulta tan sencillo. Del mismo modo, podemos aplicarlo a todas las emociones. Conseguir este dominio emocional hace de la persona un «ser inteligente», como dice Daniel Goleman, al alcanzar el dominio sobre una de las aptitudes esenciales para vivir. En su libro *Inteligencia Emocional (*1995), explica ampliamente cómo las deficiencias en el conocimiento de las emociones y su manejo aumentan el abanico de posibles riesgos de depresión, violencia, trastornos alimenticios o abusos de drogas.

Un dato que nos debería inquietar es que estos riesgos están apareciendo en edades más tempranas. La OMS y UNICEF, en sus estudios de 2022, ya nos han mostrado que el suicidio es una de las principales causas de mortalidad entre adolescentes. Y tan solo es la punta del iceberg, porque tanto padres como educadores demuestran el aumento de la tendencia, en la presente generación infantil, al aislamiento, la depresión, la ansiedad, la impulsividad y la agresividad; un incremento, en definitiva, de los problemas emocionales.

Si existe una solución, esta necesariamente va a tener que ver, desde mi punto de vista, con la forma en que preparemos a nuestros jóvenes para la vida y con no dejar de lado la educación emocional. Mente y corazón van unidos y, si en algún momento existe una incoherencia entre estas dos partes (hago lo que no siento, bloqueo mis emociones o las ignoro), es cuando se inicia el conflicto interno y la posible pérdida de la salud.

EL ESQUELETO DE LAS EMOCIONES

Todas las emociones son, en esencia, impulsos que nos llevan a actuar, programas de reacción, aparentemente automáticos, con los que nos ha dotado la evolución. Si analizamos la raíz etimológica de la palabra emoción, vemos que proviene del verbo latino *movere*, que significa movimiento. De hecho, una emoción siempre nos lleva a la acción. Esto conlleva que cada emoción predispone al cuerpo a un tipo diferente de respuesta. Por ejemplo, el enfado aumenta el flujo sanguíneo en las manos, haciendo más fácil golpear a un enemigo o empuñar un arma. En el caso del miedo, la sangre se retira del rostro y fluye hacia las extremidades para favorecer la huida.

Sin embargo, una emoción no solo compromete la parte física; también nuestra parte cognitiva tiene mucho que decir. Todo estímulo que llega a nuestros sentidos es interpretado desde nuestra parte más racional, y le da un significado de aceptación o rechazo, de gusto o asco. Es aquí donde surge la valoración emocional que provocará después nuestro movimiento.

Por lo tanto, básicamente, podemos decir que una emoción está sustentada por tres pilares:

1. Un enfoque: aquello a lo que prestamos atención.
2. Un lenguaje: las palabras que utilizamos para describir la experiencia vivida, dándole un significado.
3. Una fisiología: la forma en que se dispone nuestro cuerpo después de su interpretación.

Para poder explicar lo que es el enfoque, me voy a servir de la metáfora del flexo. Cuando encendemos la luz de un flexo, el espacio de mesa que se ilumina es limitado, dejando en sombra la parte donde no llega el haz de luz. La percepción de nuestros sentidos funciona de modo parecido: conscientemente solo percibimos una parte de todo lo que ocurre en el exterior, y es a esa parte a la que le prestamos toda nuestra atención, desechando el resto.

Es frecuente que, al no poner atención a toda la realidad, interpretemos la situación de una forma diferente a como haríamos si tuviéramos en cuenta todo. Por ejemplo, unos padres revisan los resultados académicos de su hijo y solo se fijan en los suspensos. Obviamente, la emoción que albergarán estos padres será de enfado al no fijarse en los notables o sobresalientes que también aparecen en el mismo boletín.

En un proceso de *coaching,* cuando se trabaja el enfoque en el coachee, el objetivo es llevar a la persona a enfocarse en lo que quiere en vez de en lo que no quiere, a mirar su ingenio y no tanto sus limitaciones, a poner su atención en la solución y no en el problema. Se trata de ampliar su campo de atención o incluso de cambiarlo.

El lenguaje constituye uno de los componentes fundamentales a partir de los que construimos nuestros modelos mentales del mundo. Puede ejercer una tremenda influencia sobre el modo en que percibimos la realidad y respondemos ante ella (*El poder de la palabra,* Robert Dilts, 1999). No es lo mismo decir «me muero» que «casi me muero», y la diferencia tan solo es de una palabra. La emoción que nos genera expresar cada frase es totalmente diferente. En un caso real, una mujer llegó a la consulta con problemas con su marido. Ella describía la relación como de un continuo conflicto, porque desde su percepción discutían mucho y no se sentía querida. En un momento de la entrevista le pregunté qué significado le daba a discutir con su pareja. Ella contestó: «Cuando discutes con alguien es porque no te quiere y no te acepta». Esta mujer había construido, con sus palabras, una creencia: en una relación donde se discute, no hay amor. Juntas elaboramos otro argumento para desmontar esta idea errónea. Así, llegamos a la conclusión de que discutir puede ser una oportunidad para poner límites, mostrar nuestra autoestima o aclarar normas que se han sobrepasado, y que hacer todo esto es un acto de amor hacia los demás y hacia nosotros mismos. En este pequeño ejemplo, se demuestra lo importante que es el lenguaje. Dependiendo de qué palabras elijamos y el significado que les demos, se pueden crear y/o cambiar creencias, y por lo tanto cambiar la vida.

Por otro lado, como he explicado anteriormente, nuestro cuerpo está vinculado a estados emocionales. La emoción nos hace adoptar una postura concreta. Pero también podemos utilizar el cuerpo para sentir. Es decir, cambiar nuestra corporalidad puede influir en nuestra emoción. Por ejemplo, con solo estirar más nuestra espalda, concentrarnos en la respiración, desviar la mirada o cambiar nuestro paso, podemos conseguir un estado emocional distinto. De hecho, te invito a que te pongas de pie, fijes tu mirada en el horizonte, con una sonrisa en tus labios, poniendo tus manos en la cintura y con las piernas abiertas a la altura de tus caderas (postura de Peter Pan o del Capitán América), y estoy convencida de que una sensación de confianza va a recorrer todo tu cuerpo.

Esta es la clave: ¿quieres cambiar alguna emoción? Enfoque, lenguaje y fisiología son los tres ámbitos con los que podemos mejorar y aceptar nuestras emociones. No es fácil, pero tampoco imposible.

LAS EMOCIONES EN LA INFANCIA

Nuestra infancia es un período decisivo para ir descubriendo todo este entramado emocional. Sin embargo, también es el momento en el que tenemos menos recursos para asumirlo.

Si observamos los tres pilares anteriores en los que se sustentan las emociones, vemos que, durante las primeras etapas de la vida, poco podemos hacer para cambiar nuestro enfoque. La atención se dirige hacia lo que recibimos de fuera (sobre todo de los padres) y a cubrir necesidades básicas, pues es la base de nuestra supervivencia. Por otro lado, el lenguaje está muy limitado; es cierto que con 4 años es posible dominar un diálogo sencillo, pero apenas se tiene la capacidad de expresar emociones. Y respecto al cuerpo, durante la infancia, los niños exploran el espacio y su corporalidad, pero no la controlan.

Así que un niño está a merced de sus emociones. Poder dar un mejor significado a lo que siente va a depender del espacio seguro que le rodee. Si no puede expresarse, si siente que es juzgado o no hay un entorno de confianza, el pequeño puede desarrollar heridas de abandono, rechazo, humillación, traición o injusticia. Son las denominadas «5 heridas de la infancia». En el caso de que estas heridas no se trabajen, quedarán en el inconsciente y, a lo largo de la vida, aparecerán situaciones en las que se repetirán las emociones asociadas a estas heridas, aunque sea con experiencias distintas. Es como si dentro de nosotros estuviera el niño que sufre repetidamente el dolor de la misma herida, aunque hayan pasado 40 años. Solo hace falta que aparezca un disparador que le haga conectar con aquella emoción.

RESCATANDO A NUESTRO NIÑO INTERIOR

Gracias a diversas técnicas, estas heridas pueden ser sanadas, aunque estemos muy lejos del momento cronológico en el que sucedieron. La intervención estratégica, la hipnosis, la PNL, la psicoterapia... nos han dado herramientas eficaces para rescatar a nuestro niño interior que sufre y que hace sufrir al adulto una y otra vez. No es un camino fácil de transitar, pues significa volver al pasado y, de nuevo, recordar lo que sucedió y sentir la emoción que duele. Se trata de traer al presente la historia que nos contábamos en ese momento, dándonos cuenta de las pocas posibilidades que teníamos para solucionarlo, por no tener el ingenio ni los recursos para asimilarlo de forma más sana.

En este proceso, tener a un profesional que nos acompañe es una gran ventaja. Sin embargo, siempre se puede hacer un interesante trabajo personal que dé cierto alivio, ya que todo lo que necesitamos aprender y saber ya está dentro de nosotros mismos. El problema es que el ritmo de la vida que llevamos y la falta de espacios que nos permitan dedicar tiempo a la reflexión nos impiden valorar todo el potencial que tenemos.

Con este objetivo se ha creado este libro, aunque, más que un libro, es un cuaderno de trabajo, un cuaderno de viaje, que te llevará desde las profundidades más oscuras a la superficie de aguas más cristalinas, con la tranquilidad de que vas a estar en un espacio personal seguro y de que vas a llegar hasta donde tú quieras.

Lo que te propongo es que, cuando cojas este libro, te permitas un momento de tranquilidad para estar contigo. El método es muy sencillo: simplemente, tienes que escribir a ese niño interior que llevas en tu corazón. En cada carta que escribas, vas a recorrer una emoción, primero visualizándola en el contexto en que sucedió, viéndola desde los ojos de ese niño que fuiste, para luego aceptarla con compasión desde las herramientas que ya tienes como adulto, poniendo un lenguaje, un enfoque y una fisonomía más adecuada. Si lo trabajas bien, puedes llegar a ver la intención positiva y el aprendizaje que pudo surgir de aquel evento que lo provocó todo. Poder escribirlo, explicarlo, releerlo y contarlo, con el lenguaje que tu niño interior pueda entender, servirá para liberar parte del peso que has estado sobrellevando tanto tiempo. Esto sucede al poner otro contexto, otra mirada, otro significado, y vas a sentir que aparece una nueva actitud con respecto a las dificultades vividas. Ya lo mostró Viktor Frankl con su «logoterapia» en su famoso libro *El hombre en busca de sentido*. Desde el momento en que logres este nuevo enfoque, la emoción cambiará, será más sana, y podrás afrontar no solo ese recuerdo del pasado que te traumatizó, sino todas las circunstancias que vinieron y te generaron esa misma emoción. Los acontecimientos no traumatizan, es el significado que le damos a esos hechos lo que nos cambia o nos hace sufrir. Por eso, resignificar lo ocurrido, mirarlo desde otro punto de vista, te ayudará a soltarlo.

Voy a contarte una historia para explicarme mejor. Imagina que vas caminando por un paisaje nevado, entre grandes pinos nevados y montañas blancas. En medio de este bosque maravilloso, empiezas a escarbar en la nieve; un ruido extraño, casi imperceptible, ha llamado tu atención, y empiezas a abrir un boquete en el suelo. Poco a poco, empiezas a distinguir un llanto infantil, entonces comienzas a acelerar tu trabajo, porque sabes que ahí abajo hay alguien. Cuál es tu sorpresa cuando empiezas a ver que se trata de una niña que, como mucho, tiene 3 añitos. Está magullada, pero ¡¡viva!! Parece imposible que haya sobrevivido al peso de la nieve y al frío. En cuanto la liberas, la abrazas, la besas, le das todo el calor que puedes con tu cuerpo. Y entonces, atónita, ves que todas las magulladuras y las heridas de esa niña desaparecen. Su piel va tomando brillo, su llanto es ahora una sonrisa, milagrosamente esta niña está ya perfectamente y feliz. Te das cuenta del efecto sanador del amor. El amor lo cura todo. En este momento «eureka», te das cuenta de que esa niña eras tú. Era la niña que habías enterrado con algunos de tus sueños y eso te hacía vivir con un peso en tus espaldas.

Todos tenemos dentro a un niño que pide vivir. Ese niño fue enterrado porque, en su momento, no entendió muchas cosas y reclama que le mires y le des tu cariño. Este libro quiere proponerte un camino para poder decirle a ese niño cuánto le amas y para ofrecerle todo lo que en su momento necesitó.

En este método, las emociones que vas a recorrer no están puestas por casualidad. Se han escogido de la escala propuesta por el Dr. David R. Hawkins como emociones con más baja vibración de energía, aunque hay alguna situación más que he querido añadir, por la frecuencia con la que la he visto en mis clientes. Recorrerlas y sentirlas es el primer paso para transmutarlas. Mi intención con este proyecto es llevarte a sentirte mejor contigo mismo, que te ayude a hacer frente a la vida desde el coraje y el agradecimiento. Al inicio encontrarás el significado y la explicación de cada emoción para que entiendas desde dónde nace y qué mensaje tiene. Porque, como explicábamos anteriormente, si identificamos bien nuestras emociones y entendemos su significado, elegiremos un mejor comportamiento y, por tanto, tendremos un mejor resultado.

LA AUTOESCRITURA COMO MÉTODO

Este método, basado en utilizar la escritura como vehículo para ahondar en lo profundo, no es algo nuevo. Son conocidos los beneficios que nos puede aportar escribir. Aquí te presento alguno:

- Aprenderás a expresarte con mayor claridad. Cuando escribes, a diferencia de cuando hablas, buscas palabras y expresiones más sofisticadas para describir lo que está en tu cabeza.
- Eliminarás estrés. Mientras escribes, sacas la idea de tu cabeza, la racionalizas y le das forma; de otra manera, quedaría ahí dentro en forma abstracta.
- Serás más productivo. Escribir activa las neuronas de tu cerebro y lo deja preparado para acometer el resto de tareas (puedes utilizarlo como una especie de «calentamiento» al principio del día). Además, escribir tus tareas con las palabras adecuadas te predispone a ejecutarlas correctamente. Y, por último, está demostrado que definir tus metas por escrito incrementa considerablemente las posibilidades de lograrlas.
- Aprenderás más. Escribir con tus propias palabras la información que recibes te ayuda a asimilar y consolidar conocimientos que, de otra manera, se te olvidarían al poco tiempo.

- Ganarás conciencia de tu realidad. Al escribir aclaras tu pensamiento y, obviamente, un pensamiento más claro permite realizar mejores elecciones.
- Vivirás más enfocado. Al escribir de manera constante sobre tus pensamientos, nunca perderás de vista lo que quieres lograr, cuáles son tus sueños.
- Superarás antes los malos momentos. Hay estudios que sugieren que las personas que escriben sobre lo que les está ocurriendo superan antes los malos momentos que las demás.
- Tendrás un montón de cosas que recordar. Si escribes cada día, tendrás un registro histórico de tus pensamientos, probablemente algo mucho más interesante que un simple álbum de fotos. Y, quién sabe, a lo mejor llegas a publicar un libro[1].

Además, al tratarse de cartas dirigidas a uno mismo, al escribirlas y releerlas vas a sentir el reconocimiento y el amor que nunca antes te has dado. Cada carta será un regalo vivo y nuevo, ya que, aunque te hayas escrito sobre una emoción, puedes volver a hacerlo en otro momento y estoy segura de que tus palabras fluirán de forma diferente.

EL RETO QUE TE LIBERARÁ

Si te adentras en este reto de autoescritura emocional, te darás cuenta de que no hay acontecimientos traumáticos, sino historias que nos contamos que nos hacen traumatizarnos. Todo depende del significado que demos a la realidad. Ese significado marcará la emoción que aparecerá en nuestro corazón.

---

1 Extracto tomado de la fuente: https://facilethings.com/blog/es/benefits-of-writing

¿Quieres consolar a ese niño que sufre en tu interior? ¿Quieres abrazarlo y explicarle su historia desde el amor que le tienes?

Puedes empezar por la emoción que más frecuentemente sientas ahora en tu día a día; quizás descubras algo de tu pasado que tienes que ordenar. O si lo deseas, puedes recorrer en orden las emociones que te propongo. De cualquier manera, tú vas a ser el capitán que dirija este viaje por tus propias emociones.

No olvides que estas cartas son mensajes que van a ir directamente a tu corazón, con las palabras que necesitaste escuchar en su momento y que ni tú fuiste capaz de decirte. Este ejercicio te servirá para convertirte en el mejor amigo de ti mismo y para practicar contigo un lenguaje de compasión y comprensión.

Te aconsejo que, antes de escribir, leas atentamente el significado de las emociones para que puedas empatizar mejor. Después, encontrarás unas preguntas que te ayudarán a reflexionar como adulto y entender, desde el presente, lo que ocurrió en el pasado. Es frecuente que cada emoción esté asociada a un momento, a un lugar, a una persona; si es así, cuando inicies tu carta, imagínate en ese lugar, en ese momento, y que entras con la edad y con todos los recursos que tienes ahora. Imagínate acercándote a ese niño que sufre y que tú le vas a liberar de todo el peso de su sufrimiento. Si utilizas el código QR, hay un audio en cada emoción que puede ayudarte a realizar todo este trabajo introspectivo.

Iniciar este proceso requiere valentía y coraje; por eso, si en alguna emoción encuentras dificultad para liberarla, puedes contar conmigo. Por leer este libro y decidir mejorar tu estado emocional con él, tienes la oportunidad de mantener una sesión gratuita conmigo para desbloquear esa emoción en la que te sientes atascado. Puedes enviarme un mensaje desde www.lauraterradillos-coach.es y buscaremos una cita para trabajar en ello.

Después de cada carta escrita, vas a sentir una gran liberación. Tu corazón se llenará de alegría y en tu cara surgirá una sonrisa. Este nuevo estado emocional es importante expandirlo y anclarlo. ¿Cómo? CELÉBRALO. Es decir, todo el esfuerzo que has puesto para recordar, todo el coraje que has desarrollado para reconocer tu pasado y tu presente tiene que ser recompensado con un gesto, con un símbolo. Ese gesto, ese símbolo hará visible tu logro y será una información valiosa para tu cerebro.

Ya sabes que los humanos solemos huir de lo que nos genera dolor. Enfrentarte a estas cartas tan personales, como te he explicado, no va a ser cosa fácil, por eso tu cerebro buscará mil excusas para no sentarse, para no sentir. De ahí que cada carta que escribas tenga un valor infinito. Y es el valor que le debes dar. Por eso, se merece una celebración. Si lo celebras, el cerebro dirá: «merece la pena», «me siento mejor y además consigo refuerzos», «soy mejor y me merezco lo mejor».

Celebrar es darte un permiso, compartir un espacio, un tiempo o, incluso, con otra persona, que se ha logrado algo bueno. De este modo, se amplifica más el buen resultado del trabajo y el cerebro aprende que merece la pena esforzarse, porque luego vendrán las endorfinas y la dopamina.

Cada persona debe elegir cómo celebrar mejor su logro. Sin embargo, déjame aconsejarte que no siempre elijas celebraciones que impliquen gasto de dinero. Hay muchas cosas sencillas que vas a poder practicar y que pueden generarte mucho placer y alegría. Aquí te añado algunas sugerencias que en su web nos da Daniel Colombo, *coach* ejecutivo, *speaker* de motivación y liderazgo, y que me resultan oportunas:

1. Prepara la mesa del almuerzo o la cena de manera especial.
2. Pon flores o un toque natural en tu casa.
3. Pon música agradable cuando en tu entorno haya dificultades.
4. Escribe tus pensamientos positivos y colócalos a la vista.
5. Disfruta de una ducha caliente y relajante.
6. Pide a tu persona especial que te dé un masaje con aceites esenciales, y retribúyelo.
7. Destina tiempo para ti y haz algo sumamente placentero. Crea el entorno especial para que sea un ritual de celebración contigo.

Como ves, puedes encontrar muchas actividades positivas que te animarán a seguir creciendo interiormente. Desde esta práctica, estarás fortaleciendo tu autoestima y tu autoconcepto o, como expresa la autora Laura Chica en su libro titulado con el mismo nombre, estarás practicando el AUTOAMOR. Al fin y al cabo, con quien tenemos que tener nuestra mejor historia de amor es con nosotros mismos. Como se dice, el amor de tu vida es ese ser con el que despiertas todos los días y lleva tu nombre.

No esperes más, toma un bolígrafo y dedica un tiempo para ti a través de estas cartas. Tu niño interior está esperando, desde hace mucho tiempo, que le cuides y le des todo tu amor.

CARTAS
AL NIÑO INTERIOR

VERGÜENZA

LA VERGÜENZA

SIGNIFICADO

Se caracteriza por la humillación. La imagen típica de la vergüenza es un niño con la cara roja como un tomate, con lágrimas en los ojos, deseando desaparecer. Un niño avergonzado no se acepta, cree de sí mismo que no vale, que todo lo hace mal. Siente soledad porque se ve diferente a los demás, incluso se aísla para que nadie se dé cuenta de su torpeza. El mensaje que nos transmite es que YO NO SOY DIGNO, SOY ALGO MALO. Es una creencia de identidad que destruye la salud y lleva incluso al daño personal entre otros. La vergüenza es una emoción que se relaciona con el suicidio. Aislarse, rechazarse, practicar deportes de riesgo extremo pueden ser indicadores de esta emoción.

REFLEXIÓN PREVIA DESDE TU MIRADA DE ADULTO, ANTES DE ESCRIBIR A TU NIÑO INTERIOR

¿Cómo puede ser que ese niño, con su ternura e inocencia, no sea digno? ¿Qué es lo que le ha hecho creer eso de sí mismo? ¿Puede haber estado alguna persona o acontecimiento influyendo para que él crea eso? ¿Qué observó a su alrededor? ¿Cómo llegó a esa conclusión? ¿Cómo sabes ahora que esa creencia no es verdad? Descubre si esta creencia la has estado manteniendo en tu inconsciente. Desde tu yo adulto, ¿cómo de importante es ese acontecimiento ahora? ¿Cuánto valor encuentras en el corazón de ese niño? ¿Qué valores ves ahora que entonces, de niño, no te diste cuenta de que tenías? ¿Tienes ya un discurso para decirle y hacerle comprender esa situación desde el aprendizaje y no desde la vergüenza?

AHORA IMAGÍNATE EN TU INFANCIA EN UNA SITUACIÓN EN LA QUE SENTISTE VERGÜENZA, toma una respiración profunda y trae a tu recuerdo esa imagen. Trata de recordarla con el mayor número de detalles, colores, olores, sonidos, personas... Ahora imagínate entrando como adulto en la escena y acercándote a ese niño. ¿Qué le dirías? ¿Qué necesita de ti?

Querido yo:

Hoy he venido a encontrarme contigo para........................

....

....

....

....

....

....

....

....

....

....

....

....

....

....

....

....

....

....

....

....

....

....

....

....

....

No olvides que eres valiente porque..

....

....

Eres amor porque...

....

Tienes mucho valor porque...

....

....

Te mereces toda la abundancia porque...

....

....

Te quiero y estoy a tu lado siempre cuando...

....

....

....

(No olvides despedirte con un gesto y una palabra de amor incondicional)

....

....

....

....

....

....

....

CULPA

LA CULPA

SIGNIFICADO

En esta emoción la persona quiere castigar o ser castigado porque, por alguna razón, no ha sido coherente con sus valores (los pilares que guían nuestras decisiones), ha hecho algo de lo que no se siente orgulloso. Esto conduce al rechazo de uno mismo, a los remordimientos, a sentirse mal y al autosabotaje. El mensaje que trae es YO HE HECHO ALGO MAL, o HE FALLADO. La imagen típica de una niña con culpa es ella con su cabeza gacha, los ojos llorosos y los hombros bajos, diciendo: «todo es culpa mía», «nadie me quiere».

REFLEXIÓN PREVIA DESDE TU MIRADA DE ADULTO, ANTES DE ESCRIBIR A TU NIÑO INTERIOR

¿De qué se siente culpable ese niño? ¿Solo un niño hace cosas mal? ¿Por qué está mal lo que ha hecho? ¿Quién le dijo que eso estaba mal? ¿Qué observó a su alrededor? ¿Qué significaba cometer un error en su casa? ¿Cómo llegó a esa conclusión? ¿Cómo se asumían las equivocaciones en casa? ¿Cómo intentó sentirse mejor, pidiendo perdón o buscando castigo para compensar? ¿Cómo sabes ahora que esa creencia de «yo he hecho el mal» no es verdad? ¿Cuánta valentía encuentras en ese niño? ¿Pudo haber alguna intención positiva que explique cómo se comportó en ese momento? ¿Tan grave fue? Míralo desde tu yo adulto actual.

AHORA IMAGÍNATE EN TU INFANCIA EN UNA SITUACIÓN EN LA QUE SENTISTE CULPA, toma una respiración profunda y trae a tu recuerdo esa imagen. Trata de recordarla con el mayor número de detalles, colores, olores, sonidos, personas... Ahora imagínate entrando como adulto en la escena y acercándote a ese niño; preséntate y explícale qué intención positiva había en su corazón cuando sucedió aquello. ¿Qué palabras le hubiera gustado escuchar en ese momento? ¿Qué sabes hoy como adulto que le puede ayudar a sanar aquello?

Querido yo:

....
....
....
....
....
....
....
....
....
....
....
....
....
....
....
....
....
....
....
....
....
....
....
....
....
....
....
....
....
....
....
....

Yo me perdono porque..

....

Yo me perdono porque..

....

Yo me perdono porque..

....

Yo me perdono porque..

....

Yo doy las gracias porque..

....

Yo doy las gracias porque..

....

Yo doy las gracias porque..

....

Yo doy las gracias porque..

....

Yo me amo porque...

....

Yo me amo porque...

....

Yo me amo porque...

....

Yo me amo porque...

....

(No olvides despedirte con un gesto y una palabra de amor incondicional)

....

....

....

....

APATÍA

LA APATÍA

SIGNIFICADO

Esta emoción es muy densa, lo que significa que tiene muy baja vibración. En este estado, lo que prima es la desesperanza. La persona está inmovilizada. Se siente un «peso» para los demás y los sentimientos de «no puedo» y «¿a quién le importa?» llevan a la persona a sentirse un muerto en vida. Hay mucha tristeza e incluso puede llegar al pasotismo nihilista. La relatividad es la base de sus comportamientos, no pone criterio en sus decisiones porque todo le da igual, ¿para qué esforzarse? La creencia es que no merece la pena invertir esfuerzo en nada de esta vida.

¿Cuándo fue la primera vez que se sintió este niño con esta apatía? ¿Por qué se fue la alegría? ¿Hubo alguna pérdida? ¿Hubo algún miedo que le llevó a dejarlo de intentar? ¿Se sintió víctima de algo? ¿Cómo sabes ahora que sí puede? ¿Qué puedes mostrarle ahora que le convenza de que existe un sentido? ¿Qué es lo que se va a perder este niño si mantiene esta apatía en el tiempo?

AHORA IMAGÍNATE EN TU INFANCIA EN UNA SITUACIÓN EN LA QUE SENTISTE APATÍA, toma una respiración profunda y trae a tu recuerdo esa imagen. Trata de recordarla con el mayor número de detalles, colores, olores, sonidos, personas... Ahora imagínate entrando como adulto en la escena y acercándote a ese niño. ¿Qué le dirías? ¿Qué necesita de ti? Quizás necesite un PORQUÉ y un PARA QUÉ. Cuéntale algunos de tus logros posteriores para demostrarle que el esfuerzo en conseguir metas merece la pena.

Querido yo:

....
....
....
....
....
....
....
....
....
....
....
....
....
....
....
....
....
....
....
....
....
....
....
....
....
....
....
....
....
....

Realmente me doy cuenta de que puedo y quiero
que ....
....
....
....
....
....

Descubro estos recursos ....
....
....
....
....
....

Mi ingenio queda demostrado cuando ....
....
....
....
....
....

(No olvides despedirte con un gesto y una palabra de amor incondicional)
....
....
....
....
....
....
....
....
....

SUFRIMIENTO

SUFRIMIENTO

SIGNIFICADO

Aparece cuando hay impotencia, desespera-
ción, pesar. El corazón se encoge y la mente
se bloquea. Suele darse cuando un problema
se alarga en el tiempo y no se ve solución. La
mente se cierra imaginando un futuro con el
continuo pesar. Puede darse cuando incluso
ha sucedido una pérdida o una separación.
Es la expresión extendida de la depresión y
la tristeza. Predomina el sentimiento de ser
un perdedor. La frase que más se repite en la
mente es «no puedo seguir», «no tengo fuerzas
suficientes».

REFLEXIÓN PREVIA DESDE TU MIRADA DE ADULTO, ANTES DE ESCRIBIR A TU NIÑO INTERIOR

¿Cuándo apareció esta sensación de sufrimiento en tu niñez? ¿Qué es lo que ocurrió? ¿Hubo alguna decepción que el niño no expresó? ¿Hubo alguna pérdida? ¿Esa parte infantil tuya se ha tragado lágrimas por no llamar la atención, por evitar preocupaciones a alguien? ¿Cuánto tiempo cargó con ello? ¿Con qué intención se ha comportado así? ¿Desde las herramientas que tienes como adulto, cómo podría haber tenido solución?

AHORA IMAGÍNATE EN TU INFANCIA EN UNA SITUACIÓN EN LA QUE SENTISTE SUFRIMIENTO, toma una respiración profunda y trae a tu recuerdo esa imagen. Trata de recordarla con el mayor número de detalles, colores, olores, sonidos, personas... Ahora imagínate entrando como adulto en la escena y acercándote a ese niño que sufre. ¿Qué le dirías? ¿Qué necesita de ti? ¿Qué tiene que saber para que llegue a la aceptación de la situación? ¿Qué le puedes decir de cómo se arregló después en el futuro? ¿Qué aspectos de su personalidad fueron valiosos para lograr la solución? Explícaselo con todo tu amor.

Querido yo:

....
....
....
....
....
....
....
....
....
....
....
....
....
....
....
....
....
....
....
....
....
....
....
....
....
....
....
....

A partir de ahora puedes sentir serenidad porque
....
....
....
....
....
....

Aceptar la vida es necesario porque ....
....
....
....
....
....
....

De todo esto aprendimos que ....
....
....
....
....
....
....

(No olvides despedirte con un gesto y una palabra de amor incondicional)
....
....
....
....
....
....
....

MIEDO

MIEDO

SIGNIFICADO

Esta emoción nos informa de que algo malo está por suceder, real o no. Es la emoción que nos ayuda a sobrevivir porque nos protege de los peligros. Sin embargo, puede darse como un estado de preocupación constante. En esta sociedad capitalista, donde los peligros de supervivencia son menores, el miedo se percibe en comportamientos que buscan seguridad y control para actuar, lo que dificulta enormemente tomar decisiones. El comportamiento se torna ansioso y vigilante, con una gran necesidad de controlar todo y a todos. Puede aparecer la desconfianza y la inquietud, lo que impide que la persona salga de su zona de confort y pruebe nuevas experiencias. En definitiva, corta sus oportunidades de crecimiento.

REFLEXIÓN PREVIA DESDE TU MIRADA DE ADULTO, ANTES DE ESCRIBIR A TU NIÑO INTERIOR

Imagina alguna situación de tu infancia en la que sentiste miedo. ¿Cuándo fue? ¿Qué es lo que ocurrió? Desde lo que ahora sabes como adulto, ¿ese miedo era real? ¿Qué temió ese niño que podía ocurrir? ¿Esa parte infantil tuya, cómo se protegió en ese momento? ¿Le sirvió para sentirse más seguro? ¿Con qué intención se comportó así?

AHORA IMAGÍNATE EN TU INFANCIA EN LA SITUACIÓN EN LA QUE SENTISTE MIEDO, toma una respiración profunda y trae a tu recuerdo esa imagen. Trata de recordarla con el mayor número de detalles, colores, olores, sonidos, personas... Ahora imagínate entrando como adulto en la escena y acercándote a ese niño que tiene miedo. ¿Qué le dirías? ¿Qué necesita de ti? ¿Qué recursos sabes que tiene que pueden servirle para prepararse mejor? ¿Qué es lo que tiene que creer para conectar con su coraje? ¿Qué es lo que puede hacer en las siguientes ocasiones que sienta miedo? Explícaselo con todo tu amor.

Querido yo:

....
....
....
....
....
....
....
....
....
....
....
....
....
....
....
....
....
....
....
....
....
....
....
....
....
....
....
....
....
....

Hoy te traigo todo el amor incondicional para
que ....
....
....
....
....
....
....

Solo hay que practicar, permitirse intentarlo, aun-
que no sea del todo un éxito, y así ....
....
....
....
....
....

Yo te apoyo y te apoyaré siempre porque.................
....
....
....
....
....
....

(No olvides despedirte con un gesto y una palabra de amor incondicional)
....
....
....
....

IRA

SIGNIFICADO

Es la expresión del enfado. Puede manifestarse con un comportamiento explosivo o simplemente con una retirada de atención. Suele haber sido provocado porque no se han cumplido las reglas personales o expectativas, y la persona estalla. Entonces se convierte en irritable y resentida. La venganza puede aparecer como alternativa para recuperar el poder. El enfado también surge como consecuencia de una retirada del amor que se desea y, en vez de caer en la tristeza, aparece la ira. Al tener mayor energía, es una emoción que sirve mejor. La ira puede ser una manifestación de castigo hacia los demás o hacia uno mismo. En ocasiones buscamos reconocimiento (amor) y, al no encontrarlo, aparece el resentimiento interno, pero al exterior mostramos la ira como reacción.

ANTES DE ESCRIBIR A TU NIÑO INTERIOR

¿De pequeño solías enfadarte? Recuerda a ese niño del pasado en alguna ocasión de enfado. ¿Cuándo fue? ¿Qué es lo que pasó? ¿Hubo alguna norma importante para ese niño que no se cumplió? ¿Hubo alguna persona importante para él que le retiró su amor? ¿Cuántas veces se ha repetido este enfado? ¿Este niño del pasado explicó a alguien sus deseos no cumplidos? ¿Dejó claras tus normas? ¿Cuál podría haber sido la solución? Desde lo que ahora sabes de la vida, ¿qué significado le das a este enfado del pasado? ¿Cómo de importante puede ser ahora?

AHORA IMAGÍNATE EN TU INFANCIA EN LA SITUACIÓN EN LA QUE SENTISTE IRA, toma una respiración profunda y trae a tu recuerdo esa imagen. Trata de recordarla con el mayor número de detalles, colores, olores, sonidos, personas... Ahora imagínate entrando como adulto en la escena y acercándote a ese niño que está tan enfadado. ¿Qué le dirías? ¿Qué necesita de ti? ¿A quién puede hacer daño si continúa con ese enfado? ¿Qué significado diferente podría haber dado a ese momento? ¿Cómo puede utilizar en positivo su enfado? ¿Qué necesidades tiene que cubrir para que esté tranquilo? ¿Cómo debe expresarlas? Explícaselo con todo tu amor.

Querido yo:

....
....
....
....
....
....
....
....
....
....
....
....
....
....
....
....
....
....
....
....
....
....
....
....
....
....
....
....
....
....
....
....

Utiliza tu enfado para mostrar tus necesidades a los demás, porque así...
....
....
....
....
....
....

Enfadarse no significa agredir, significa que tienes derecho a...
....
....
....
....
....
....

Por otro lado, la ira disminuye cuando renunciamos a nuestro orgullo, entonces conseguimos........................
....
....
....
....
....
....

(No olvides despedirte con un gesto y una palabra de amor incondicional)
....
....
....
....

ORGULLO

ORGULLO

SIGNIFICADO

En este estado, la persona se centra en el logro. Lo que más desea es el reconocimiento de los demás. Se siente «mejor que...» y superior a los demás. Esta emoción estaría cercana a la soberbia. Sus comportamientos quieren demostrar que «mi manera es la mejor...». No tiene nada que ver con el coraje y la valentía, pues en estos casos la persona se ve con capacidad para el logro, pero desde el entusiasmo y la alegría, sin la búsqueda del reconocimiento de quien pretende quedar por encima de los demás. El orgullo esconde inseguridad y baja autoestima. En ocasiones puede ser insaciable, porque no le basta con destacar, sino que los demás se lo estén recordando y devolviendo. Sus logros suelen estar ligados a acciones, cosas o dinero; es decir, elementos que se ven desde el exterior, no en el convencimiento del ser interno.

REFLEXIÓN PREVIA DESDE TU MIRADA DE ADULTO, ANTES DE ESCRIBIR A TU NIÑO INTERIOR

¿De qué se sintió tan orgulloso este niño en el pasado? ¿Cuál fue el propósito de ese orgullo? ¿Por qué lo buscó? ¿A quién pudo hacer daño por querer sentirse superior? ¿A quién pudo hacer de menos? ¿De dónde surgió la necesidad de estar defendiéndose y mostrando que «lo mío es lo mejor»? ¿Qué conflicto generó esta actitud? ¿Cómo se habría evitado si no hubiera habido orgullo? ¿Qué habría pasado si hubiera habido un «gracias» o un «perdón»? ¿Cuál habría sido el cambio?

AHORA IMAGÍNATE EN TU INFANCIA EN UNA SITUACIÓN EN LA QUE SENTISTE ORGULLO, toma una respiración profunda y trae a tu recuerdo esa imagen. Trata de recordarla con el mayor número de detalles, colores, olores, sonidos, personas... Ahora imagínate entrando como adulto en la escena en la que de pequeño quisiste destacar por encima de otros. Acércate a ese niño, que en ese momento es narcisista. ¿Qué le dirías? ¿Qué necesita aprender de ti? ¿Qué consecuencias tuvo para él ese comportamiento? ¿Y para otros? Puedes explicarle con qué intención positiva se comportó así; sin embargo, ¿qué otros recursos le habrían servido mejor en ese momento?

Querido yo:

....
....
....
....
....
....
....
....
....
....
....
....
....
....
....
....
....
....
....
....
....
....
....
....
....
....
....
....
....

Si eres agradecido, sentirás que ....
....
....
....
....
....
....

Si eres humilde, tendrás ....
....
....
....
....
....
....
....

Eres completo y perfecto, aunque ....
....
....
....
....
....
....
....

(No olvides despedirte con un gesto y una palabra de amor incondicional)
....
....
....
....

INFERIORIDAD

INFERIORIDAD

SIGNIFICADO

El mensaje de esta emoción es «no soy suficiente», «no valgo». Este estado nos conecta con la tristeza y el miedo. Dentro de la persona existe un mecanismo de comparación continua con los demás, y su interpretación es que los otros siempre son mejores que él. Realmente, el mensaje de esta emoción es que nos hacen falta más recursos y estrategias. El aprendizaje y la práctica son los medios para salir de esta situación, además de empezar a compararse con uno mismo, ver la evolución y el desarrollo logrado. Nadie puede ver el cambio conseguido si tu punto de referencia son los demás. Es necesario tomar un compromiso de crecimiento y ver de dónde partimos, dónde queremos llegar y con qué recursos contamos. Estos aspectos son diferentes para cada individuo, por lo que no podemos compararnos con los demás si queremos evolucionar.

REFLEXIÓN PREVIA DESDE TU MIRADA DE ADULTO, ANTES DE ESCRIBIR A TU NIÑO INTERIOR

¿Recuerdas alguna situación en la que tu niño sintió inferioridad? ¿Cuándo y dónde se sintió menos que los demás? ¿Qué creyó de sí mismo en ese momento? ¿Hubo alguien que influyó para que esto se diera? ¿Qué intentó hacer ese niño para sentirse mejor? ¿Lo consiguió? ¿Qué sabes ahora como adulto sobre la inferioridad? ¿Qué cualidades tenía este niño que todavía no conocía?

AHORA IMAGÍNATE EN TU INFANCIA EN UNA SITUACIÓN EN LA QUE SENTISTE INFERIORIDAD, toma una respiración profunda y trae a tu recuerdo esa imagen. Trata de recordarla con el mayor número de detalles, colores, olores, sonidos, personas... Ahora imagínate entrando como adulto en la escena y acercándote a ese niño que está tan abatido en su inferioridad. ¿Qué le dirías? ¿Qué necesita aprender de ti? ¿Qué tiene que creer de sí mismo para sentirse mejor? ¿En qué se tiene que fijar para poder hacerlo? Cuéntale las habilidades que va a desarrollar en el futuro. Puedes explicarle algunos de los logros que ha alcanzado a lo largo de la vida.

Querido yo:

....
....
....
....
....
....
....
....
....
....
....
....
....
....
....
....
....
....
....
....
....
....
....
....
....
....
....
....
....
....

Un pájaro no puede nadar, pero es un experto en el vuelo, así tú eres..

....

....

....

....

....

Tienes mucha suerte porque...

....

....

Además, eres muy..

....

....

Y en el futuro consigues que.......................................

....

....

....

solo necesitas creerte que...

....

....

....

....

(No olvides despedirte con un gesto y una palabra de amor incondicional)

....

....

....

¡ENHORABUENA!

Quiero darte la enhorabuena. Si has llegado hasta aquí, es porque has tenido el coraje de enfrentarte a momentos no demasiado agradables de tu pasado. Desde el punto de vista psicológico, habrás logrado un nuevo enfoque y habrás encontrado nuevos argumentos para darles significado.

Estoy convencida de que, a través de estas cartas, has logrado una mejor relación contigo mismo, aumentando así tu autoestima. Y recorriendo todas estas emociones te habrás hecho más experto en ellas, sabiendo identificarlas cuando aparezcan y tener presente sus mensajes. De este modo, podrás tomar mejores decisiones y contar con mejores recursos para no sentirse dominado por ellas. Recuerda que las emociones son solo emociones, no nos definen, no es nuestra personalidad, solo son señales que aparecen ante los estímulos que nos llegan y que interpretamos.

Tú eres mucho más que todos los acontecimientos del pasado, y ahora, con este trabajo, has decidido qué historia se queda contigo. Estas cartas te han ayudado a hacer las paces con tu historia pasada, y ahora tiene otro enfoque mucho más liviano. Mirar la vida desde la intención positiva de todo lo que ocurre te convierte en el junco flexible que aguanta lluvias y vendavales.

Veo tu coraje y te admiro. Eres un alma extraordinaria. Felicidades.

LA ÚLTIMA CARTA PARA TI

Sin embargo, quiero invitarte a que realices una última carta (que la puedes escribir cuantas veces necesites, y de hecho te animo a ello). Es una carta muy especial y que va a servir para anclarte en este estado de paz y amor interior. Se trata de que te escribas una carta de agradecimiento.

Dar las gracias nos distancia del miedo, nos llena de una emoción positiva y confiada en la vida. El agradecimiento es abundancia, es plenitud, es reconocer que está todo bien. Después de tu recorrido por tus emociones más repelentes, lo justo y necesario es que te reconozcas el esfuerzo y te des personalmente las GRACIAS. Es el reconocimiento más importante que vas a recibir: el tuyo personal.

Toma una respiración profunda, cierra los ojos, pon una sonrisa en tu boca, toma el bolígrafo y comienza a describir todo aquello por lo que te das las gracias. Si necesitas alguna sugerencia, aquí te doy alguna: puedes comenzar dando gracias por las lágrimas que has derramado al realizar este trabajo, por tu valentía, por tu dedicación, por el autocuidado que te has permitido, incluso a tus manos por escribir, a tu corazón por sentir, a tu cabeza por redefinir la historia... Como ves, hay mucho por lo que dar gracias.

Dar las gracias es un acto de amor que te mereces. Así que GRACIAS.

Querido yo:

Hoy te escribo para darte las gracias porque.........
....
....
....
....
....
....
....
....
....
....
....
....
....
....
....
....
....
....
....
....
....
....
....
....
....
....

Cuidate, aquí estaré siempre para ti,
Te quiero.

CARTA PARA PERDONAR A TU SOMBRA

Si has llegado hasta aquí y te has escrito las cartas, recorriendo las emociones que te propongo, te habrás dado cuenta de que, en muchos de los escenarios en los que te has imaginado, estabas con otras personas. Seguro que algunas de ellas no fueron las más positivas ni cariñosas, incluso es posible que contribuyeran, con su comportamiento, a que elaboraras tu propio bloqueo emocional.

Es curioso darse cuenta de que esas personas no están en nuestra vida por casualidad, están ahí para reflejarnos nuestra propia sombra; es decir, nos muestran lo que debemos aprender y aceptar de nosotros mismos. Muchas veces son nuestros padres, nuestros hermanos, nuestras parejas... Y en realidad son nuestros opuestos o, por qué no, también podemos llamarlos nuestros maestros. Por la ley del espejo, se dice que lo que nos desagrada de otras personas es lo que no aceptamos de nosotros mismos, lo que negamos y que inconscientemente proyectamos hacia fuera.

Además, existe una tendencia natural en el ser humano de buscar nuestro contrario para sentirnos completos. Al haber escondido en nuestro inconsciente aquello que hemos considerado inadmisible, tratamos de unirnos con personas que nos enfrentan a nuestra sombra. Así, seguimos en continuo aprendizaje y crecimiento.

Jesús de Nazaret o Buda son algunos de los personajes de la historia que han sabido integrar en su personalidad su luz y su sombra. Son el ejemplo de cómo vivir en absoluta paz interior por haberse aceptado en su totalidad, con sus luces y sombras, con sus fortalezas y debilidades.

Soltar y aceptar nuestra sombra nos lleva a amarnos tal cual somos, a sentirnos libres por SER, con todas sus letras, y así el futuro se llenará de esperanza, porque no existe la hipocresía, el orgullo o la mentira. Y si en algo ofendemos, o algo sale mal, desde el respeto y el amor se podrá buscar una solución. Traigo aquí tres preguntas sencillas, pero claves, que nos pueden clarificar ante los problemas que encontremos en este proceso de autoaceptación: ¿QUÉ FUNCIONA? ¿QUÉ NO FUNCIONA? ¿QUÉ SE PUEDE MEJORAR?

Si te das cuenta, este proceso es el famoso camino del héroe. La historia típica de un personaje que entra en conflicto y, en un momento dado, debe enfrentarse a su mayor miedo. Para poder vencerlo, debe rendirse, aceptar su limitación y aun así traspasar el reto. Una vez hecho esto, el miedo ya no existe y el héroe es reconocido por su valentía. Y fíjate que al héroe no se le pide siempre un resultado grandilocuente. El hecho de haberse enfrentado ya le hace valioso.

Hoy quiero invitarte a hacer una carta a tu parte más oscura, a esa parte que cuesta mirar porque nos devuelve aspectos que no nos gustan de nosotros mismos y que seguro que has percibido al recorrer cada emoción. Sin embargo, para poder ser una persona en equilibrio, es necesario aceptar lo que somos en totalidad. Ocultarlo, rechazarlo nos aleja de nuestra esencia y nos polariza, nos divide, convirtiéndonos en un personaje que simplemente actúa en la vida siguiendo los cánones de lo que debería ser, pero no de lo que es en realidad. Este comportamiento nos lleva a lo que ya sabemos: al miedo, la vergüenza, la culpa...

Hoy quiero que saques tu valentía y tu coraje, y que te des cuenta de que tu sombra es la que te ayuda a mejorar cada día, es la que te ha hecho más resiliente y fuerte. Háblale con compasión, y que esta carta (una de las más difíciles que vas a escribir) te ayude a comprender y amarte como eres, tal cual, a aceptarte, porque en la vida que vivimos se trata de SER AUTÉNTICOS. Pon luz en su sombra para poder brillar cada vez más.

Querida sombra:

Hace tiempo que ....
....
....
....
....
....
....
....
....
....
....
....
....
....
....
....
....
....
....
....
....

Lo que menos me gusta de ti es ....
....
....
....
....
....

....

....

Sin embargo, sé que me has hecho más fuerte en

....

....

....

....

....

....

....

....

Te doy las gracias por ....

....

....

....

....

....

a partir de ahora ....

....

....

....

....

Te quiero y ....

....

....

....

....

....

¡AHORA VIVE SIN MIEDO!

Espero que este trabajo te haya servido para conectar contigo, con tu niña o niño interior, con tu esencia. Ahora ya conoces una poderosa herramienta para desbloquearte y seguir creciendo interiormente. El objetivo más importante que podemos tener en la vida es autoconocernos. De este modo sabremos qué debilidades tenemos y con qué fortalezas contamos para sobrellevar el día a día.

No olvides que eres un alma extraordinaria que alberga la sabiduría necesaria para superar las situaciones que te toque transitar.

En este camino de la vida no estás solo,
y si en algún momento crees que puedo
ayudarte aquí puedes encontrarme,
me encantará saber de ti

(instagram) @lauraterradillos | (f) Laura Terradillos